Borjé & Äxel
Klaus Schrott sucht Gott

BORJÉ & ÄXEL

Klaus Schrott sucht Gott

Ein Poem in Versen

Weimar (Lahn) 2017

Für Gopi und ihre Mutter

ISBN 978-3-926385-31-4 (Bernd E. Scholz)

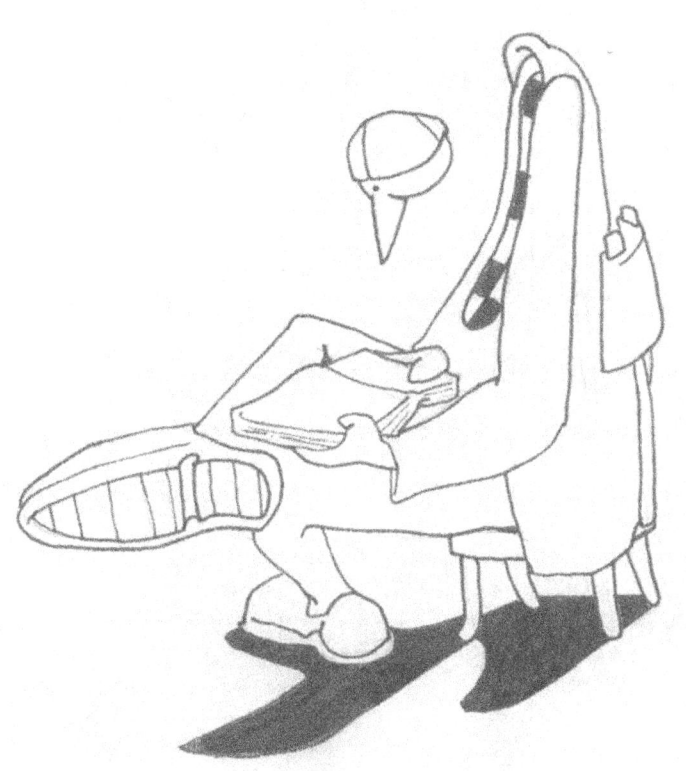

Klaus Schrott sucht Gott
(Splitter zerschlagenen Glases)
(Bernd E. Scholz, Weimar (Lahn) am 1. Dezember 2017)

Все о чем я думал изменилось,
Все чего желал, не отыскать.
Может быть привиделось, приснилось,
И не жаль поэтому терять?

Тени настоящих удовольствий,
призраки забытого тепла,
мир чужих успехов, мелкий, черствый,
из осколков битого стекла.

(Alles, woran ich geglaubt habe, hat sich geändert, // Alles, was ich mir einmal gewünscht habe, ist unauffindbar. // Vielleicht habe ich es gar nicht gesehen, sondern nur geträumt, // und brauche daher nicht traurig zu sein, es zu verlieren.
Wahre Freuden sind Schatten geworden, // Wohltuende Wärme als Schemen in Vergessenheit geraten. // Eine nichtige, hartherzig fremde Welt des Erfolgs // wie aus Splittern zerschlagenen Glases.) (August 2017. Übersetzung hier wie überall durch BES)

Der poetische Zweifel, der sich im Russischen im Reim auf wunderbare Weise trostreich musikalisch zusammenfügt, reimt sich im Deutschen noch lange nicht. Wir versuchen uns daher als ›Interlinearübersetzer‹, als Übersetzer »zwischen den Zeilen«. Manchmal findet sich auch ein begabter ›Nach‹dichter. An dieser Stelle wird dann gerne Rainer Maria Rilke erwähnt, der 1904 den »Export« westlicher ›Gadgets‹ nach Rußland eher skeptisch beurteilte (Wie der Verrat nach Rußland kam):

»Was ist das für ein Land, Rußland? Ein sehr großes, nicht wahr?« »Ja,« sagte ich, »groß ist es« (...) »Woran könnte Rußland an diesen beiden Seiten grenzen?« Plötzlich sah der Kranke wie ein Knabe aus. »Sie wissen es«, rief ich. »Vielleicht an Gott?« »Ja,« bestätigte ich, »an Gott.« »So« – nickte mein Freund ganz verständnisvoll. Erst dann kamen ihm einzelne Zweifel: »Ist denn Gott ein Land?« »Ich glaube nicht,« erwiderte ich, »aber in den primitiven Sprachen haben viele Dinge denselben Namen. Es ist da wohl ein Reich, das heißt Gott, und der es beherrscht, heißt auch Gott.« (...)

»Ich verstehe«, sagte langsam der Mann am Fenster. »Und merkt man in Rußland diese Nachbarschaft?« »Man merkt sie bei allen Gelegenheiten. Der Einfluß Gottes ist sehr mächtig. Wieviel man auch aus Europa bringen mag, die Dinge aus dem Westen sind Steine, sobald sie über die Grenze sind. Mitunter kostbare Steine, aber eben nur für die Reichen, die sogenannten ›Gebildeten‹, während von drüben aus dem anderen Reich das Brot kommt, wovon das Volk lebt.« »Das hat das Volk wohl in Überfluß?« Ich zögerte: »Nein, das ist nicht der Fall, die Einfuhr aus Gott ist durch gewisse Umstände erschwert –«.

Unser Politjargon spricht vorzugsweise von gelunger Integration durch »interkulturelle Kommunikation«, vor allem dann, wenn man nichts, aber auch gar nichts verstanden hat. Zwischen Borjés »Klaus Schrott sucht Gott« und seinen im August 2017 enstandenen hier zitierten Gedichten liegen 16 Jahre. 16 Jahre, die angefüllt sind mit Alltags-Erfahrungen, die aus einem (»Klein-«)Russen – heute sprechen wir lieber von einem Russisch sprechenden Ukrainer – einen »Deutschen mit Migrationshintergrund« gemacht haben. Der Brunnen der deutschen »Unwörter des Jahres« scheint unerschöpflich. Drehen wir daher Rilkes Spieß einmal um und fragen: Was wird mit dem russischen Gott, dem ›Importeur‹, der seine Heimat verlassen und sich bei uns niedergelassen hat? Wird er hier im Westen zu Schrott? Klaus Schrott glaubt nicht, er sucht. Eine unbequeme Lage in einer fremden Welt, die vor Selbstgewißheit nur so strotzt und jeden Zweifel in die Bibliotheken verbannt hat. Der Dichter Borjé findet Verlorenes wieder, seine russischen Gedichte stehen in Deutschland zum Export nach Deutschland bereit – von jedem Zoll befreit.

Wohin ich mich auch wenden mag
mit meines Lebens Streben,
der ewigen Gefühle Beben –
der Herr lenkt jeden neuen Tag.
(...)
Aufersteht im Herzen plötzlich Gott,
um mit einem Blick den Stein zu sprengen.
Aller Stillstand wird zum Augenblick –
Strahlender und Gütiger.

(Куда бы ни пошел, Господь // стоит за каждым впечатлением,// за каждым шагом и стремлением // и это мне не побороть.// (...) Все остановиться мгновенно,// И в сердце вдруг взойдет Господь.// чтоб взглядом камень расколоть, // Сияющий, Блаженный.//)

Wenn es zu langweilig wird,
sucht doch jeder Unterhaltung.
Und wenn dabei man auch irrt,
ist zu bewahren nur die Haltung.

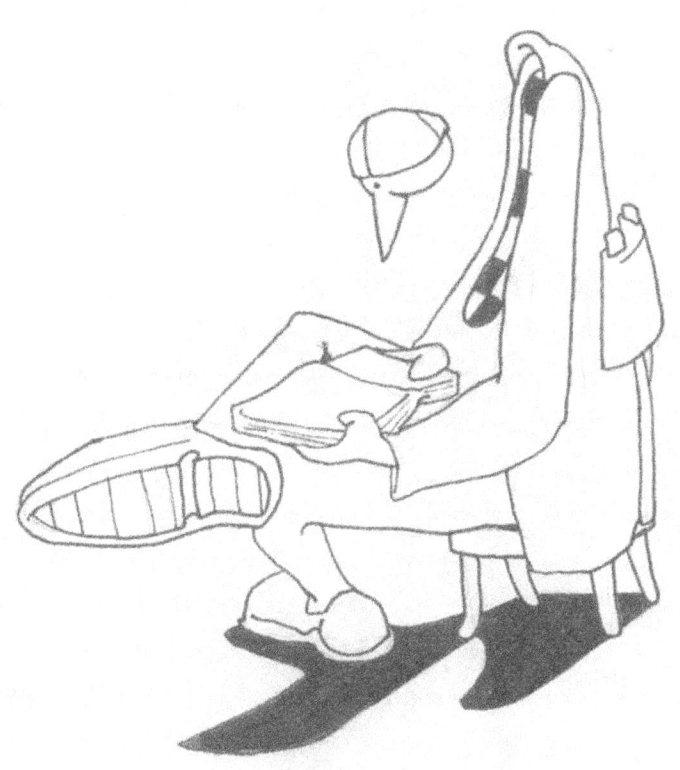

Klaus Schrott langweilt sich schrecklich -
sein Superjob ist längst vorbei.
Wer aber sagt ihm schon das endlich.
War Huhn als erstes oder Ei?

Die Kumpels lachen ihn nur aus
Huhn oder Ei - ist doch egal.
Am besten schmecken Hühner Klaus.
Als erstes war gewiß Urknall.

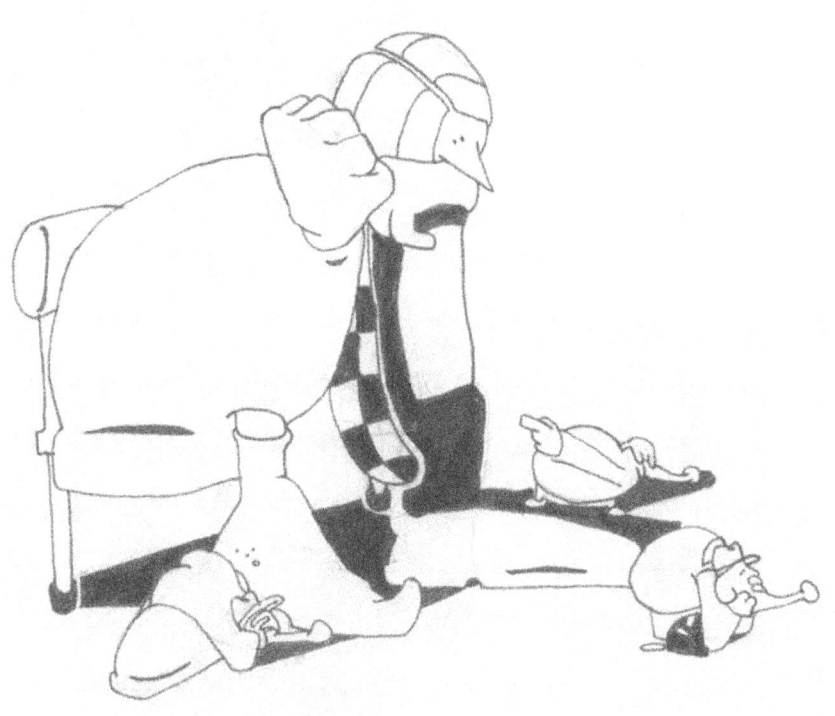

Die Zweifel gab's noch in der Schule:
Ist unsre Erde wirklich rund?
Warum sind Frauen die Schwule?
Lebte ihr Lehrer schon als Hund?

Als Antwort gabs nur: »Bitte raus!«
Der beste Lehrer blieb das Buch.
Doch las nicht gerne kleiner Klaus.
Nur noch ›Der Spiegel‹ ein Mal durch.

Die Langweile zwingt zu denken.
Warum verlor ich doch mein Job?
Darf ich allein das Schicksal lenken?
Ist diese Welt vielleicht zu grob?

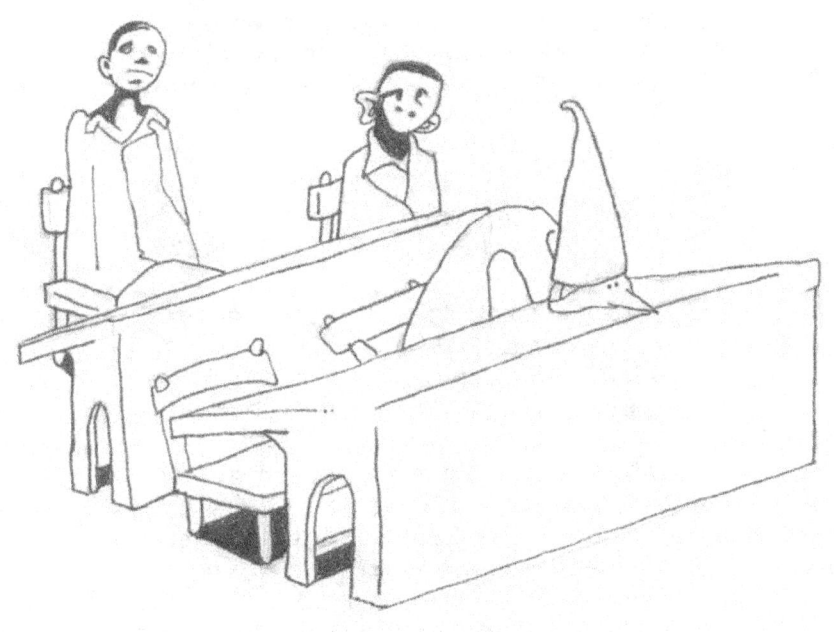

Wer suchet, der natürlich findet.
Der Klaus Schrott besucht den Papst.
Die Ängste, die man nicht überwindet,
fallen einfach nur zur Last

Die Begegnung hat schon stattgefunden.
Der Fernseher ist beinahe »Gott«
Der Papa sprach etwa 3 Stunden.
Der Klaus lauschte jedem Wort.

Zuerst gab´s wirklich keine Fragen,
der Klaus fühlte sich ganz gut,
ihn störe manchmal nur der Magen
und die immer steigende Hochmut.

Er konnte einfach tapfer sagen:
»Ich bin so stolz, daß ich noch bin.
Warum bloß stört ihn so der Magen?
Und was ist unsres Leben Sinn?«

Sofort zum Pfarrer. Keine Frage.
In dunklem All sucht Klaus Licht.
»Selbst die Schöpfung braucht 5 Tage -
behalte mein Sohn Gleichgewicht.«,

»Denn über die Welt regiert das Böse.
Obwohl die Kirche Bescheid weiß.
Allein der Zahl der Arbeitslosen
Ist für meine Worte ein Beweis.«

»Im Buch befindet sich die Wahrheit.
Ich las es mehr als 100 Mal.«
Was? Nicht gefunden? - Einfach weiter!
Wie lange noch? - Ist ja egal.

»Du zahlst doch auch Kirchensteuer.
Dann bist du aber ein guter Christ.
Die Zweifel sind ein Ungeheuer.
Denk nur, du würdest ein Kommunist.«

»Also, besuc' bloß deine Kirche.
Bezweifle niemals ihre Macht.
Und selbst die Luft. Nun bitte rieche,
genau so war das gedacht.«

Weihrauch läßt Gedanken schweben
Alles ist ganz sonnenklar.
»Genieße einfach dieses Leben!
Und bitte, sei nicht wie ein Narr.«

»Das ist super« – denkt jetzt Klaus.
»Ist unser Pfarrer ein Hypnotiseur.«
Er denkt danach auch zu Haus,
Was schlug ihm schon der Priester vor?

Natürlich soll man die Bücher lesen.
In Kirche gehen, lachen, feiern.
So ändert sich sein gesamtes Wesen.
Zu einem Menschen unter Geiern!

Alles klar, doch gibt's paar Fragen.
»Was geschieht nach unsrem Tod?«
»Die Frommen werden weiter feiern,
wenn das Höllenfeuer sie nicht stört.«

Klaus Schrott bleibt doch unzufrieden.
Der Klaus Schrott versteht noch nicht:
»Darf man allein die Zukunft schmieden?
Und wenn Tod das unterbricht?«

Es soll ihm keine Gedanken machen.
Klaus Schrott ist schon bald erlöst.
Ganz einfach weiter lesen, lachen.
Das Buch allein ist unser Trost!

Na endlich, Ende mit den Fragen.
Der Klaus Schrott ist wieder wach.
Er kann jetzt gut ein Bier vertragen,
denn selbst den Klaus macht es flach.

Man findet Antwort in der Kneipe.
Die Wahrheit liegt doch in dem Wein.
Geht man dabei auch nicht pleite,
hat man wirklich Superschwein.

Schon wieder Morgen. Aufstehen!
Dem Klaus fällt das nicht leicht.
Den Zweifeln kann er nicht entgehen,
sein Ärger hat den Punkt erreicht.

*Die Lösung bringt gar keine Zeitung,
doch stehen ein paar Adressen schon,
wie: »Bei gewissen Mut und Eignung,
vergrößert man sein' Ruhm und Lohn.«*

*»Ei, das ist was«, sagt Klaus leise.
»Das Geld macht alle Menschen gleich.
Selbst ein Depp mit Geld ist weise.
Warum bin ich dann nicht mal reich?«*

*Die Nummer wurde angegeben:
Drei Sechser und dann drei mal 0.
So ein Gespräch hat sich ergeben.
Klaus Schrott blieb wie immer cool.*

»Hallo ich habe Mut und Schulden.
Was soll man machen, bin bereit.
Klar habe ich täglich 10-12 Stunden.
200 Mark? - Nein, tut mir leid.«

Na gut, Klaus kann auch so kommen.
Für`s erstes Mal wird nichts verlangt.
Umsonst? Das ist ein gutes Omen.
Nur war das so wohl nicht geplant.

Um 19 Uhr beginnt das ganze.
Rasiert, gebadet, elegant.
Der Klaus kriegt die neue Chance!
Wäre`s dem Pfarrer doch bekannt...

Ein großes Haus, vielleicht zu dunkel.
Er kommt hinein: »Hallo bin Schrott.«
Er fühlt sich wie ein Mensch im Dschungel,
doch endlich Ende mit dem Trott.

»Hallo, bin Schrott«, versucht er wieder.
»Ach Klaus, setzt dich einfach hin.«
Zittern jetzt all seine Glieder?
Man kennt seinen Namen schon, Wahnsinn!

Man macht das Licht ganz plötzlich an.
Hier sitzt ein Haufen von Leuten.
Doch dieses Mal ist Klaus dran:
»Könnt ihr auch die Träume deuten?«

Das war grad letzte Nacht geschehen.
Ich sah ein unbekanntes Tier.
Das Himmel war bedeckt, mit Krähen.
Es roch eindeutig nach dem Bier.

Das Tier war einfach riesig groß
und guckte mich ganz böse an,
doch ging das ganze später los,
als er zu reden mal begann..

»Na«, brüllte der Riese laut.
»Du hast nach mir, bestimmt, gesucht.
Kriegst du zufällig Gänsehaut?
Das ist ja aber eine Wucht!«

Das 21. Jahrhundert.
Die Leute sind gut aufgeklärt.
Gibt`s keinen, der sich einfach wundert,
an etwas glaubt oder verehrt.

»Du aber siehst anders aus.
Es scheint, als ob du noch Furcht hast.
Ich sage dir ganz ehrlich Klaus.
Die Ängste sind doch keine Last.«

Ganz plötzlich war das Tier verschwunden.
So auch Krähen, Biergeruch.
Bloß ich blieb an ihm wie gebunden,
seit diesem seltsamen Besuch.

»Was soll mein Traum wohl bedeuten?
Krieg ich vielleicht einen neuen Job?
Um die Zeit nicht zu vergeuden,
erklärt mir, bitte, das ganz grob.«

Der Klaus hört jetzt nur die Stille.
So einsam fühlte er sich nie.
»Sie haben wohl 3,5 pro Mille.
Lebt hier noch einer oder wie?«

Eine Stunde ist vorbeigegangen.
Dann flüstert jemand in sein Ohr:
»Sie haben nicht ein' Mord begangen?
In diesem Fall kommt so was vor.«

»Oder war das Ihr Verwandter,
der bestimmt gestorben ist.
Der kommt oft als Unbekannter.
So gelingt fast jede List.«

»Der Biergeruch bedeutet leider,
daß dem Toten schlecht ergeht.
Deshalb trinken Sie nur weiter.
Wer weiß, wer dann vor Ihnen steht?

»Die Krähen sind bestimmt die Schulden,
die noch zum Auszahlen sind.
Ihr Opa wird das nicht lang dulden.
Sie wissen, was ich mein, bestimmt.«

In der Unterwelt hat ihr Verwandter
einen mit nix vergleichbaren Einfluß.
Bestimmt, daß er sie früher kannte.
Das ist kein minus, sondern plus.

»Der Opa Wilhelm«, schreit der Klaus.
»Ich hätt' mir so was nie gedacht.
Er war so still wie eine Maus
und auf einmal so eine Macht?

Na gut, zum Opa komm ich später.
Trotz allem hat er das verdient.
Ich wechsle, aber nicht zum Wetter,
besonders bei so starkem Wind.«

Es zieht hier aus allen Ecken,
Das Haus ist schon viel zu alt.
Man kann dort aber mehr entdecken
bei längerem Aufenthalt.

»Wollen sie nicht mal übernachten.«
Schlägt ihm eine Frau schon vor.
»Es gibt paar Regel zu beachten«,
Klaus Schrott ist sofort ganz Ohr.

»Sie dürfen nachts mit keinem sprechen.
nichts essen, trinken, keine Drogen.
Gewiß hat jeder seine Schwächen,
die wir natürlich hier nicht mögen.«

Der Klaus soll jetzt viel nachdenken.
Hier ist zu fremd, zu streng, zu kalt.
Dabei gibt's, klar, gewisse Stärken.
Dafür vor allem wird bezahlt.

Der Klaus bleibt hier bis zum Morgen.
Er findet die Luft ein wenig kalt.
»Herr Schrott, nur bitte keine Sorgen.
Sie haben noch gar nix bezahlt.«

Das überzeugt. Jetzt Zähne putzen.
Das kalte Wasser und kein Handtuch.
Der Klaus will sich aufs Bett stürzen.
Es gibt kein Bett. Okay dann Buch.

Was für Geräusch? Sind das die Glocken?
Ist die Nacht schon ganz vorbei?
Buch hilft gar nicht, vielleicht Drogen?
So was hat man nicht dabei.

Ach so, schon stehen alle auf.
Das ganze geht hier so früh los?
Und was, wenn ich sofort weglauf?
Zu spät, vor Klaus steht schon der Boß.

»Hallo Herr Schrott. Ausgeschlafen?
Jetzt gibt Vorlesung. Das ist Muß.
Wir, Menschen sind doch keine Affen.
Mit Faulenzen ist heute – Schluß.«

Darf Klaus Schrott jetzt etwas sagen:
»Das geht doch ohne Frühstück nicht.«
Natürlich geht das, keine Fragen:
»Wir reduzieren ihr Gewicht!«

Schon sitzt der Klaus in kaltem Raum.
Noch ein Dutzend Leute. Keiner wach.
Ist das vielleicht ein Alptraum?
Für diesen hier ist Klaus zu schwach

»Also, Kapitel 9, die Strophe 8.
Klaus, sie dürfen jetzt vorlesen.«
»Na gut, am Ende war die Nacht,
dann ruhte Sein gesamtes Wesen.«

Interessant und weiter geht's:
»Er schlief gemütlich viele Tage,
danach schuf er United States
und jetzt kommt die erste Frage.«

»Warum zuerst schlief, dann schuf?«
— »Klar, zuerst braucht man Ruhe.«
»Herr Schrott ihr Antwort ist ganz doof.
Geben sie sich doch bitte Mühe.«

»Warum schuf er zuerst, dann schlief?«
versucht der Klaus mal wieder.
»Weil das alles sonst kaum lief,
legte, bestimmt, sich der Alte nieder.«

Okay, ich versuch zum letzten Mal.
Wollte er die Schöpfung nicht mehr sehen?
»Ich schuf euch alle. Scheiß egal.
Jetzt kann ich einfach schlafen gehen.«

»Nein, das stimmt aber gar nicht.
Am Anfang schlief er, um zu sehen.
Das natürlich mit Absicht.
Zuerst, klar, schlafen, dann verstehen.«

»Herr Schrott, hören Sie bitte auf.
Sonst schlafen wirklich alle ein.«
»Warten sie nicht alle darauf?«
»Und auch sie bestimmt. Ja?« — »Nein!«

Ist die Vorlesung schon beendet?
Willkommen zur Meditation.
Der Klaus fühlt sich schon entfremdet.
Fast schon ganz wie in Beton.

»Entspannt euch Kinder«, sagt der Lautsprecher.«
Euch geht's gut. Ihr seid perfekt.
War jemand gestern noch Verbrecher.
wird ein Professor im Endeffekt.

»Sei stets ruhig und schweigsam.
Beneide niemals deinen Boß.
Ein bißchen Schmeicheln ist heilsam.
Ansonsten ist die Hölle los.«

Das Geld ist König dieser Welt.
Sei einer von den Untertanen.
Und wenn dir etwas nicht gefällt,
versuch dich immer zu entspannen.

Jetzt atmen alle ganz tief ein.
Und bitte atmet nicht mehr aus.
Du bist kein Mensch, kein Fisch, kein Schwein.
Gar nix. — »Selbst nicht der kleinste Klaus?«

»Du sollst nichts denken, essen, trinken.
Sei einfach. Einfach sei gar nix.«
Der arme Klaus träumt vom Schinken.
Ihm helfen schon gar keine Tricks.

Versucht euch einfach auszuschalten.
Kein Trübsal mehr, kein Schrei, Geräusch.
Ist ihr Bewußtsein wohl gespalten?
Ein Ich ist schmutzig, andres keusch.

Der Lautsprecher spricht doch weiter:
»Dein Ich hat sich aufgelöst.
Du brauchst mehr keinen Begleiter.
Ich schalt mich aus.« — »Ja, zum Trost!

Ich kann mich kaum noch entspannen.
Ich hoff' ich bin noch selber Schrott.
Wer konnte aber so was ahnen.
Der Opa Wilhelm ist nicht tot!!!.«

Was sieht jetzt aber unser Klaus?
Das riesige Tier steht schon vor ihm.
Der Enkel bricht in Tränen aus.
Sie waren doch ein gutes Team.

Der Klaus will das Tier umarmen.
Nur stinkt der Alte wie die Pest.
»Die Reichen helfen doch den Armen.«
Die Hoffnung, die alles machen läßt.

Das Tier bleibt aber ziemlich kalt.
War die Umarmung doch umsonst.
Sind die Schulden nicht bezahlt?
»Ei Opa, sag mal einfach Prost.«

Was? Heute nix mit Biergeruch.
Ja nüchtern muß man auch sein.
Ich glaub' es gibt sogar 'n Spruch:
Das Bier verwandelt Mensch in Schwein.

»Gar nicht übel siehst du aus.
Und wie geht's dir Opa hier?«
»Gut, danke dir, lieber Klaus«,
sagt etwas leise Großes Tier.

Stimmt es, daß du Wahrheit suchst?
Wahrscheinlich findest du sie nicht.
Wenn du die anderen nicht belügst,
verstehst du kaum, wer sie spricht.

Die Wahrheit ist bloß einfach Wort.
Es gibt die Lüge noch, zum Trost.
Und wenn sie auch keinen stört,
was suchst du noch, Hai Klaus, Prost!

Das Bier ist da, die Krähen auch.
Liegt die Wahrheit nicht im Bier?
Gibt's sie nicht im Haschischrauch?
Ich bin kein Ich mehr, Ich sind wir.

Sanft läuten Glöckchen – nicht einschlafen.
Der Lautsprecher schaltet sich ein:
»Benehmen sie sich nicht wie Affen.
Herr Schrott, nicht Schnarchen wie ein Schwein.«

Ganz langsam kommt man zu den Sinnen.
»Das war kein Traum, Opa lebt.
Beginne ich jetzt vielleicht zu spinnen,
oder hat mir Opa das vererbt?«

Der Lautsprecher hört nicht auf:
»Die Ruhe ist unser höchstes Ziel!
Wir ignorieren Zeitverlauf.
Das Leben ist nur noch ein Spiel.«

So was kann Klaus schlecht ertragen.
Ist denn sein Hunger auch ein Spiel?
Spielt keine Rolle mehr der Magen?
Und wenn man einfach Essen will?

»Na,« sagt der Lautsprecher, »endlich,
seid ihr alle schon zurück.
Dabei noch weiblich oder männlich,
gibt's mehr kein Unterschied, zum Glück.«

Was soll das, aber, schon bedeuten.
Klaus Schrott bleibt immer Mann.
»Sie sind pervers die armen Leute.
Das ganze ist ein purer Wahn!«

»Cool bleiben«, sagt der Lautsprecher.
Herr Schrott, was ist ihr höchstes Ziel?«
»Ich wünsch' mir Kaffe, nur einen Becher,
weil ich seit gestern trinken will.«

»Ich hab noch ein Dutzend Ziele
und alle sind schon ziemlich hoch.«
Im Raum herrscht die tote Stille.
Der Lautsprecher kriegt den Schock.

«Cool bleiben«, sagt dies mal Klaus,
»Alles ist doch ein Kinderspiel.«
Bleibt die Sprachbox wirklich aus?
War's ihr fürs erste mal zu viel?

Die erste Prüfung ist bestanden.
Die Prüfung 2 ging gerade los.
Klaus hat das sofort verstanden.
Vor ihm steht der große Boß.

»Die Arbeit heiligt unser Ziel.
Herr Schrott, können Sie die Steine tragen?
Dieses Mal wird das kein Spiel,
und kein Vergnügen so zu sagen.«

»Wenn Sie mit der Arbeit fertig sind.
Kriegen Sie dann vielleicht zum Essen.«
»Warum vielleicht und nicht bestimmt?«
»Damit sie sich nicht überessen.«

Verstanden, dann beginnt es, los!
Klaus Schrott verdient sein Brot.
Seit 3 Stunden nicht arbeitslos.
Es geht, und zwar, tatsächlich flott.

Der Lautsprecher bringt alles bei.
Klaus kann sich dabei entspannen.
Die Arbeit macht natürlich frei.
Das Essen kann Klaus nur erahnen.

200 Steine hin und her.
»Entspannt euch«, – sagt der Lautsprecher.
»Die Arbeit macht uns endlich leer.
Leer, wie einen leeren Becher.«

Sofort denkt Klaus an den Kaffe.
Was denkt die Frau links von ihm?
»Die Männer sind so geile Affen.«
Zu widersprechen hat kein' Sinn.

400 Steine, 6, Achthundert.
Der Klaus denkt an gar nix mehr.
Und wenn er selbst dabei verhungert,
dann ganz entspannt und wirklich leer.

Der Lautsprecher zählt die Steine.
820, Neunhundert drei.
»Arbeit macht aus Menschen Schweine!!!«
hört Klaus plötzlich eignen Schrei.

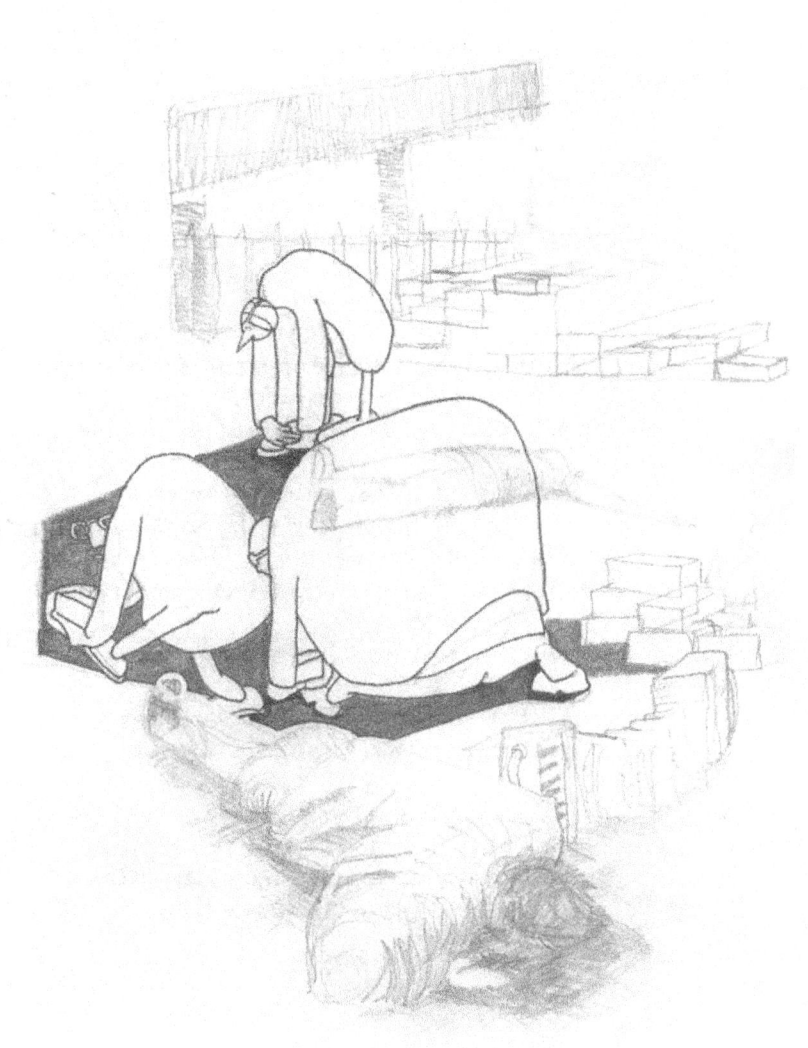

Plötzlich hört die Arbeit auf.
Vor Klaus steht der große Boß:
»Na, jetzt haben sie es drauf
Man braucht immer 'nen Anstoß.«

»Darf ich vielleicht eine Frage stellen?«
fleht Klaus leise: »Darf ich noch?«
»Darf ich vielleicht ein Bier bestellen,
oder ist mein Anspruch zu hoch?«

«Bier ist schädlich, kein Wenn und Aber.
Auch ißt man bei uns kein' Fisch.«
» Ihr seid genau wie Araber.
Kein Bier und Schwein auf'm Tisch.«

»Seid ihr zufällig vegetarisch?
Kein Nikotin und Alkohol?
Ich finde so was zu archaisch.
Das Bier mit Äpfeln schmeckt ganz toll.«

»Ansonsten hab ich nix dagegen.
Ein Eierkuchen wäre gut.
Selbst ich kann damit überleben,
vor allem stärken Eier Blut.«

»Wie sieht's mit dem Kaffe aus?
Ist Kaffe auch ungesund?
Und Apfelwein?« – »Nein, bitte, Klaus.
Bei uns genau wie beim Bund.«

»Mahlzeit«, sagt die Maschine unerwartet.
»Sonst wird das Essen ganz schön kalt.«
Das Essen? Stille. Keiner atmet.
Jetzt aber schnell. Der Hunger eilt.

Ein Dutzend Leute auf dem Boden.
Klaus kriegt eine Handvoll Reis.
»Gehöre ich schon zu den Toten?
Die Belohnung für den Fleiß?«

Ein wenig Bohnen, Kräutertee.
»Sind sie zufrieden? Hat's geschmeckt?«
»Wenn ich mein Teller anseh,
hab ich doch kaum was entdeckt.«

Der Klaus wartet auf's Essen.
Die Vorspeise macht doch keinen satt.
Ein Versprechen nicht vergessen:
»Das Essen« war ganz klar gesagt.

Darf ich vielleicht 'ne Frage stellen.
Der Klaus meldet sich zu Wort.
»Kann ich ein Pizza mal bestellen,
falls meine Frechheit keinen stört.«

»Dafür kann ich selbst bezahlen.«
»Klaus Sie sind eindeutig krank,
sich andauernd zu zermahlen.
Bei uns werden sie schnell schlank.«

»Wenn sie den Hunger mal verspüren,
atmen Sie einfach tiefer ein.
Schon besser? Vom Hunger keine Spuren?
Dann wartet auf sie der nächste Stein.«

»Warum tragen wir die Steine?
Hat diese Arbeit einen Sinn?
Sie verstehen, was ich meine.
Was, wenn ich plötzlich spinn'?«

Herr Schrott, so denken alle.
Die Arbeit hat 'n gewissen Sinn:
Die Steine tragen oder Grabmale...
So lernt man Demut. Immerhin.

»Wird man zum Beispiel ganz demütig,
kriegt man zum Essen etwas mehr?«
»Ja, legen sie die Steine bündig,
dann gibt's Zugabe, lieber Herr.«

»Aha, spielt Qualität 'ne Rolle?«
»Herr Schrott von Fragen lernt man nix.
Wie beim Job: braucht man Kohle,
ist man sofort ganz schnell und fix.«

Der Klaus Schrott — Demut im Mann,
versucht die Steine doch zu tragen.
Das Ganze läuft nach einem Plan.
Nach welchem bloß... Mal später fragen?

Der Lautsprecher wiederholt:
Zwei hundert zwanzig, 30, vierzig.
Das Atem ist ja schon geholt.
Klaus findet die Steine witzig.

Unglaublich, aber er lacht.
Die andern bleiben stehen.
Du reißt uns einfach aus dem Takt.
Das bedeutet hier — Ein Vergehen.

Der großer Boß ist wieder da:
»Gibt's einen Grund zum Lachen.
Der Klaus antwortet schnell: »Ja!
Ich sehe überall die Drachen.«

»Dann ist die Stufe doch erreicht.
So steigen Sie zum Seher auf.
So fällt alles ziemlich leicht.
In einem Tag haben sie's drauf.

Sehen sie vielleicht sonst was,
oder sind das ausschließlich Drachen?«
Endlich hat Klaus einen Anlaß,
allen etwas glauben zu machen.

»Ich sehe unter Krokodilen
2 Papageien, einen Elefant.
Sie alle tragen die rosa Brillen
und alle sind total entspannt.«

»Sie geben mir eine große Pizza.
Ein' Eierkuchen, 'ne Flasche Apfelwein.«
»Herr Schrott sind das keine Witze?
Sonst wäre es aber echt gemein.«

»Aber die Drachen waren riesig.
Die Krokodile sind zu klein.
Vor allem sind sie ziemlich bissig.
Das tut schon weh – nein, bitte, Nein!!!«

Der große Boß hat keine Zweifel(n).
der Klaus ist ein Wunderkind.
Jeder will dem Klaus schmeicheln.
So schnell dreht sich manchmal der Wind.

Der Klaus kriegt sofort zum Essen.
2 Eierkuchen und noch mehr Reis.
Den Hunger kann er schon vergessen.
Eine Belohnung für den Fleiß!

Auch Schlafen darf man länger.
Die Anfängerstufe ist vorbei.
Die Beziehung mit dem Boß wird enger.
Sie grüßen einander: »Hai!«

Der Klaus darf schon die Bücher lesen.
Dazu kriegt er ein breites Bett.
Ja die Entspannung nicht vergessen.
Wem schadet schon ein bißchen Fett.

Ja, klar, die Drogen sind verboten.
2 Bier, das geht gerade noch.
Und die Beziehung zu den Toten?
Man schätzt hier so was ziemlich hoch.

Geschlechtsverkehr macht gar nix aus.
Paar Mal pro Woche schaden nicht.
Wir sind doch alle Menschen Klaus.
Tatsächlich alle? Das besticht.

Egal, daß alle ihn beneiden.
Ein Dutzend Leute haßt sogar.
Klaus jedoch bleibt stets bescheiden.
Glück ist vergänglich, nicht wahr?

Klaus Schrott genießt das Leben.
Er fühlt sich schrecklich angenehm
Wozu nach etwas andrem streben?
Der Luxus hier ist zu extrem.

Das Essen, Sex, Schlaf ohne Ende.
Klaus Schrott hat die Nase voll.
Wichtig ist immer eine Wende
zwischen dem Sex und Alkohol?

Hat er den Luxus nicht verdient?
Und noch dazu schlechtes Gewissen?
Er braucht Hilfe, unbedingt.
Er kann das nicht allein genießen.

Der Klaus wendet sich an' Boß.
Grad wird die Lösung angeboten.
Man trifft sich abends in dem Schloß.
Bedingung – keine Angst vor den Toten!

Der Klaus Schrott stellt keine Fragen.
Die Toten hat er sogar lieb.
Die Langweile kann er nicht ertragen.
Ansonsten Danke für den Tip.

Am 22-ten hat's begonnen.
Das dunkle Zimmer, wie gehabt.
Ein Dutzend Herren angekommen.
Ob alles weiter so gut klappt?

Alle Herren tragen schwarz,
Sie sind anständig angezogen.
Einer sitzt am Ehrenplatz.
Warum ist sein Gesicht verzogen?

Klaus Schrott ist schon gespannt.
Wer bricht als erster hier das Schweigen.
Als erster macht das der Vorstand.
»Die Gewinne sollen steigen.«

Die Gewinne sollen steigen,
davon ist Klaus überzeugt.
Wir wollen ihnen den Weg zeigen.
Die Zukunft machen wir schon heut'.

Wir sollen jedem Mensch beweisen,
daß ohne uns es kaum geht.
Wir sind die Helden und die Weisen.
auf welchen unsre Erde steht.

Der Klaus Schrott ist tief berührt.
Gehört er auch zu den Helden?
Heldentum hat er im Blut.
Muß er sich zuerst anmelden?

»Hallo bin Schrott. Ich find's Klasse.
Ich kann euch helfen, bin bereit.«
»Gehören sie zu Herrenrasse?
Zur Herrenrasse tut mir leid?«

Das tut's uns auch, lieber Schrott.
Gehören sie zu den großen Tieren?
Ob er zu ihnen echt gehört?
Sein Opa Wilhelm gehört zu ihnen.

»Nein, die Verwandten zählen nicht.«
Zu einem Tier muß Klaus werden.
Die Perspektive, die besticht.
Nur nicht nochmal im Zoo enden.

Der Klaus wird aufmerksam.
Er darf bestimmt kein Wort verpassen.
Das Leben vorher war Kinderkram
im Vergleich zur Herrenrasse.

Klaus muß sich konzentrieren.
Seit kurzer Zeit kann er das gut.
Dabei die Ruhe nicht verlieren,
auch die Würde mit dem Mut.

Die Disziplin war immer wichtig.
Der Hochgestellte hat das Recht.
Klug sein und auch hinterlistig.
So 'nen Herrscher braucht der Knecht.

Man muß gleichzeitig beides können.
Mitleidig sein und ganz gemein.
Daran muß man sich gewöhnen.
Nur ein Arschloch hat noch Schwein.

Die Wirklichkeit ist immer nüchtern,
weil nur der Stärkste überlebt.
Braucht der Klaus sich zu fürchten?
Die Superkraft hat er geerbt.

Na gut, schon kommt der zweite Teil.
Unsre Beziehungen mit den Toten.
Der Klaus findet so was geil.
Hier wird noch was angeboten.

Der Klaus meldet sich zum Wort.
»Ist so was aber nicht gefährlich?
Er hat als Kind davon gehört.«
»Im Gegenteil Herr Schrott, ganz ehrlich.«

Die Toten sind ruhig und bescheiden,
ganz zuverlässig, vertrauensvoll.
sie lügen nicht, hassen, beneiden.
und riechen nie nach Alkohol.

Um das ganze zu beweisen
Bilden die 13 einen Kreis.
Danach beginnen sie zu kreisen.
Das letzte findet Klaus zu heiß.

Zuerst verschwinden andre Menschen,
danach Gedanken, dann die Welt.
Es gibt mehr keinen zu beherrschen.
Ob der Klaus so was aushält?

Ganz langsam kommt man zu den Sinnen.
Der Klaus atmet, hustet, riecht.
Er kann sich an sich selbst erinnern
Und sieht im Dunklen gleich ein Licht.

Es riecht nach Bier, willkommen Klaus!
Der Opa Wilhelm, alter Sack.
Kommst du endlich wieder raus,
Ich vermisste dich schon arg.

»Mein lieber Klaus, rauszukommen
macht eigentlich gar keinen Sinn.
Du hast bestimmt Eindruck gewonnen,
Daß ich derselbe Opa bin.«

»Warum denn wünschen diese Herren,
Hier noch Freunde zu gewinnen,
Als ob's hier unten möglich wäre
Ihr ganzes Schicksal zu bestimmen.«

»Ihr alle ohne Ausnamen
Hängt an Reichtum, Ruhm, Erfolg.
Genau wie die dummen Sklaven
Dient ihr des Geldes kaltem Volk.«

»Wenn ihr sterbt, könnt nichts mitnehmen,
Was hat der Reichtum euch genutzt?
Die Zukunft hängt an dem Benehmen,
Das auch vorm Fegefeuer schützt.«

»Der Klaus Schrott ist echt erstaunt.
Hast du Totenpriester hier studiert?
Ei Alter, nicht so gut gelaunt??
Gar nicht gebadet? Schlecht rasiert?«

»Dir geht's hier eigentlich gar nicht schlecht.
Hast dich wirklich gut benommen?
In diesem Falle ist das gerecht.
Bist der Hölle selbst entkommen.«

»Bestimmt herrscht auch hier Betrug.
Ihr Reich ist einfach unser Schatten.«
»Hai Opa, nimm einfach 'n Schluck.
Ich bin schon müde von Debatten.«

Wen sieht der Klaus angekommen?
Die 13 Herren sind auch hier!
Haben sie sich gut benommen?
Ist Opa das größte Tier?

»Guten Abend die Herrschaften.
Was bringt euch dieses Mal zu mir?
Könnt ihr Probleme nicht verkraften?«
Beginnt ganz freundlich Großes Tier.

»Wir sollen deine Fersen küssen,«
antwortet der Vorstand sofort,
»Kein Geldverlust war einzubüßen,
die Konkurrenz hat nicht gestört.«

Das Wachstum, leider, blieb bei altem.
Daran haben arme Bürger schuld:
Wenn sie vielleicht noch mehr einzahlten,
und zwar mit Ruhe und Geduld.

Sie machen ständig Aufklärung.
Es lebe wohl das große Tier.
Es kommt sogar zu der Verehrung.
Man opfert täglich das frische Bier.

Das hört sich eigentlich gut an,
Das große Tier kratzt seinen Bauch.
Dazu gehört gekochter Hahn
und nicht vergessen den Schnittlauch.

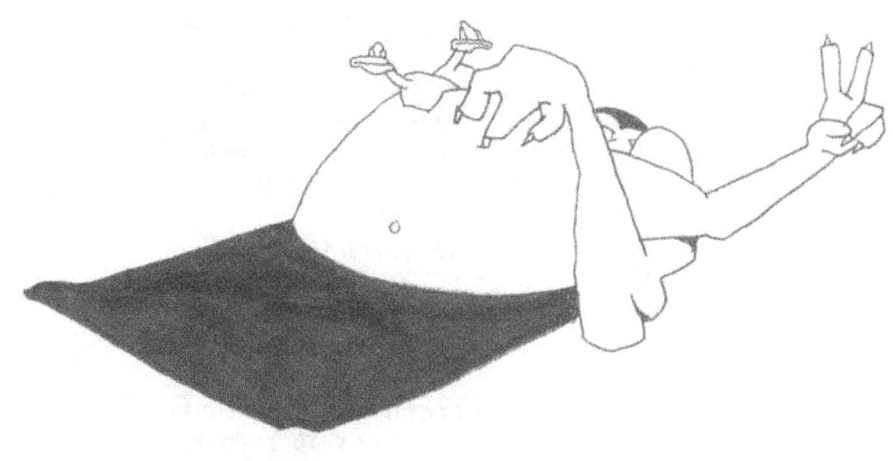

Wir wünschen guten Appetit.
Die 13 Herren grinsen freundlich.
Zu Meisters Ehre neues Lied:
»Die großen Tiere sind nicht käuflich!«

»Sie sind nicht gierig und pervers.
Sie sind freigiebig, gut erzogen,
nicht angezogen an den Sex,
an Alkohol und an die Drogen.«

Das große Tier ist beeindruckt.
»Danke, Genossen, für die Mühe.
Der Wachstum kommt. Es wird gespuckt.
Bewahret nur Geduld und Ruhe.«

»Ich mach euch einen Vorschlag.
Wie wäre es mit'm Klaus Schrott.
2 Fliegen mit nur einem Schlag.
Brot und Wachstum anstatt Bankrott.«

»Klaus bringt Ideen und das Glück.
Beschäftigt den Klaus ab sofort.
Der Junge ist besonders klug
und hält dazu immer sein Wort."

Der Klaus Schrott fühlt sich verpflichtet.
Der Opa hat es schnell getan.
Bis jetzt kein Denkmal eingerichtet?
Da hat sich der Enkel klar vertan.

Ach ja, man muß noch aufwachen.
Die andre Herren sind schon wach.
Sie fangen freundlich an zu lachen.
»Herr Schrott, spielen sie denn Schach?«

Der Klaus kämpft schon seit 2 Stunden
für jeden Bauer und das Pferd.
2 Türme sind dabei verschwunden,
aber sind doch Menschen nur von Wert.

Der Gegner startet Offensive.
Der Klaus zieht sich schnell zurück.
Der Höchstverrat. Die Offiziere?
Der Klaus steht unter dem Zeitdruck.

Der Klaus opfert um zu siegen.
Die Offiziere sind dabei.
Die Andere sind leicht zu kriegen
Aber der Zeitnot ist vorbei.

Sie spielen König gegen König.
Der Kampf schont kein' Mensch und Tier.
Der Gegner wird allmählich zornig.
Gefährlich ist beim Spielen Gier.

Sein König wird zur Remie gezwungen.
Der Klaus Schrott versucht die Flucht.
Das ist dem König wohl gelungen.
Er wird schon überall gesucht.

Der Vorstand meldet sich zum Wort:
»Das Spiel hat Klaus Schrott gewonnen.«
Gehört so ein Gefecht zum Sport?
Hat Klaus keinen Krieg begonnen?

Keiner der Herren ist verletzt.
Der Klaus bleibt auch am Leben.
Ist Leben nicht ein Spiel, zuletzt,
nur den Geist nicht aufgeben.

Die erste Prüfung ist bestanden.
Ergebnis – Klaus wird zum Boß.
Keine Einwände? Einverstanden!
Ihm zur Verfügung steht ihr Schloß.

Natürlich ist das akzeptabel.
Schlafzimmer ist 100 m groß.
Dazu zählen Video und Kabel.
ganz selbstverständlich – kostenlos.

Zum Essen gibt s nur Lieblingsspeisen.
Ganz wählerisch darf Klaus sein.
Selbst die gebratenen Ameisen.
Aber ganz sicher auch Schwein.

Dafür erwarten die Genossen:
Klaus bringt den Laden in Schwung.
Ja, sein Vorgänger wurd erschossen.
Eine Granate? Nein, Mobilfunk.

Klaus hat ein tausend Ideen.
Macht die Regierung auch mit?
Ob sie davon etwas verstehen?
Macht sowieso kein' Unterschied.

Die Medien, die Journalisten?
Gar keine Frage – warten schon
Das Volk? Ganz leicht zu überlisten.
»Also Herr Schrott, genug mit Hohn.«

Schritt eins – Gedankeninternet.
Blitzschnell. 12 Pfennig 2 Minuten
Alles zusammen im Paket.
Wir bleiben nach wie vor die Guten.

So kontrolliert man die Gedanken.
Eine Zentrale, alle drin.
Erstellung von den Datenbanken.
Und dazu rasender Gewinn!

Schritt 2: Anruf mit bloßen Händen
Man baut Chips in Hände ein.
Auch als Bankcard zu verwenden.
Immer auf'm Laufenden sein.

Die Grundgebühr fällt einfach aus.
Das Startguthaben unbegrenzt.
Geliefert wird direkt nach Haus'
Der Chip hilft gegen Impotenz!

Die Stufe 3 - der Menschenwandel.
Zuerst wird das Gehirn gewaschen.
Die Stufe 4 - der Sklavenhandel.
Und dann ein Sternenkrieg zum Naschen.

Wir werden sicherlich gewinnen.
Aber nur manche überleben.
Wir müssen mit der 0 beginnen.
Damit die 100 sich ergeben.

Die 13 Herren stöhnen leise.
Der Klaus Schrott ist ein Genie.
Ihr Zug kriegt mega schnelle Gleise.
unter solch mächtiger Regie.

Ein schickes Auto. Das Konto voll.
3 mal Urlaub. Nur im Sommer.
Keine Abgaben an den Zoll
und jeden Morgen frische Döner.

Man muß so ein Gehirn bezahlen.
Die 13 Herren sind dankbar.
Man läßt die 14 Korken knallen.
Der Klaus Schrott - der Superstar

Klaus Schrott genießt das Leben.
Er fühlt sich wieder angenehm.
Manchmal hilft ein Erdbeben
Gegen den Langweile-Gähn.

Wie geht es eigentlich den Herren.
Sie haben endlich viel zu tun.
Auch Klaus kann sich nicht beschweren
Er läuft in Siebenmeilenschuhen.

Der Klaus Schrott und sein Computer.
Die künstliche Intelligenz.
Man braucht viel Studentenfutter.
und wesentlich mehr Megahertz.

Mit dem Computer geht er spazieren.
Selbst auf Klo und oft ins Bett.
Keine Angst vor den Computerviren?
Er holt sie frei aus dem Internet!

Und Wahrheit? Gibt's die nicht im Netz?
Bestimmt! Wie lautet die Adresse?
Http Punkt Wahrheit... Scherz?
Oder ein Kind der freien Presse?

Im Nu wird Klaus verbunden.
http Punkt Wahrheit... Gibt's!
Gehört er zu den ersten Kunden?
Na hoffentlich ist das kein Witz.

Die Frage eins: Wozu das Ganze?
Die Zweite: Henne oder Ei?
Die Dritte: Hat man eine Chance?
Die Vierte: Kommst du mal vorbei?

Eine Bewegung, abgeschickt.
Gibt's Internet auch da oben?
Ob's im Himmel Antwort gibt.
Lohnt's sich dort zu stöbern?

»Es lohnt sich Klaus«, steht im Monitor
»Ich bin dein himmlischer Begleiter.«
Klaus hört schon den Himmelschor
und sieht eine ziemlich große Leiter.

Der arme Klaus klettert hoch.
Daneben schwebt ein Superengel
Ei, Im Himmel gibt's ein Loch.
Das Firmament hat auch Mängel.

Die Leiter hat aufgehört.
Kein Aufzug oder die Rolltreppen?
Der Fortschritt ist hier ein Fremdwort.
Der Engel soll ihn weiterschleppen.

Eine schnelle Rettungsaktion.
Der Klaus Schrott in guten Händen.
Der Himmel Nummer sieben. Schon!
Sie müssen sich an der Pforte melden.

»Herr Schrott?« fragt ein Kind mit Flügeln.
»Herr Engel« ahnt Klaus schnell.
Den Klaus überwältigt Jubel.
Mein Gott ist es hier hell.

Wird hier die Energie verschwendet.
Tag und Nacht das Sonnenlicht.
Die Zähler werden nicht verwendet.
Das findet Klaus Schrott ungeschickt

Es wird noch heller, unerträglich.
Es scheint die Sonne selbst zu sein.
Ist das für Augen schädlich?
Der Klaus macht sie extra klein.

»Hai Klaus, grüß dich«, sagt die Sonne.
»Hast du Fragen, bestimmt, nicht wahr?
Ich hab die Antwort, zweifelsohne.
Die Antwort Nummer 1, und zwar:

Das ganze hat bestimmt ein' Zweck.
Der heißt die Wünsche zu erfüllen.
Selbst die Fliege wünscht ihrn Dreck.
Der große Tiger wünscht zu brüllen.

Die Antwort zwei: Natürlich Henne.
Zuerst die Mutter, dann Klaus Schrott.
Zuerst Zahnfleisch dann die Zähne.
Zuerst das Leben, dann der Tod.

Die Antwort 3: Nutz deine Chance.
Die hast du immer schon dabei.
Sei fröhlich, singe öfters, tanze.
Befreie dich aus deinem Ei.

Die Antwort 4: Bin immer unten.
Keiner sieht bloß mein Gesicht.
Ich schenk' euch alle eure Stunden.
und kostenlos dazu mein Licht.«

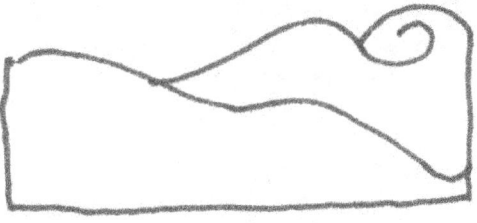

Der Klaus Schrott hat keine Fragen.
Er ist erleuchtet und entspannt.
Es gibt sogar nichts zu beklagen.
Er hat die Wahrheit fast erkannt.

Man braucht sich um gar nichts sorgen.
Das ganze dreht sich wie ein Rad.
Die Nacht vergeht und schon ist Morgen.
Wozu bemüht man sich so hart?

Die Lösung liegt auf der Hand.
Man muß die Welt anders betrachten,
liegend zwar auf einem Strand
und nur die Sonne noch beachten.

Läuft Geld uns eigentlich nicht nach?
Nur der, wer sucht, findet es kaum.
Man spielt mit seinem Leben Schach.
Ist Leben selbst nicht mal ein Traum?

Ist unser Leben nicht ein Buch,
wo wir uns mehr und mehr verschreiben?
Und ist sein Reiz kein rotes Tuch,
an dem wir auch mal hängen bleiben?

Wird Schicksal uns per Post geschickt?
Wird jeder nicht ein Mal Empfänger?
Der Gute, der die Armut kriegt?
Sind böse Täter die Absender?

Der Klaus leuchtet, glänzt und strahlt.
Hat er die Wahrheit schon in der Tasche?
Und wenn das Ganze plötzlich knallt?
Dann bleibt uns wenigstens die Asche.

Abstieg. Man braucht keine Leiter.
Nach unten geht es ziemlich leicht.
Der Klaus Schrott, der Wegbereiter
hat unsre Erde schon erreicht.

Empfang bescheiden. Keine Blumen.
Die Stadt. Die Leute. Busverkehr.
Nur eines hört Klaus ständig: Summen.
Die Autos hin, die Autos her.

Er setzt sich einfach in die Mitte.
Unter die Laterne. »Gute Nacht«.
Hier herrschen manchmal derbe Sitten.
Gibt der Weise darauf acht?

Zuerst die Hunde, dann die Penner.
Dann Punks, Studenten, Polizei.
Später anständige Männer.
Der Klaus Schrott bringt die Weisheit bei.

Die Bild für'n Sonntag, Kurzbericht:
Der Meister Schrott und seine Lehre.
Ein Guru oder Bösewicht?
Verachtung oder große Ehre?

Der Klaus Schrott und seine Lehre.
Leb einfach, wenn es einfach geht.
Streb nie nach Reichtum, Ruhm und Ehre,
wenn deine Armut dir gut steht.

Das Glück verbirgt sich oft im Kleinen.
Guck auf die Sonne und lache mit.
Die Viele kommen aus dem Einen,
obwohl es kaum einer sieht.

Du sollst dein Job nicht aufgeben.
Bleib auch weiter Polizist.
Versuche bloß als Mensch zu leben.
Nicht nur Jude, Moslem, Christ.

Vergib dem Nächsten seine Schwächen.
Denn auch du bist öfters schwach.
Vergib dem Mörder sein Verbrechen.
Irgendwann wird der Mörder wach.

Der Klaus Schrott – der Stein der Weisen.
Er lächelt wie ein kleines Kind.
Soll sein Lachen, seine Unschuld beweisen?
Und was, wenn Klaus einfach spinnt?

Die Leute kommen, Leute gehen.
Der Klaus aber sitzt und sitzt.
Im ›Bild‹ kan man sein Bild noch sehen.
Unter dem Titel – der Tageswitz.

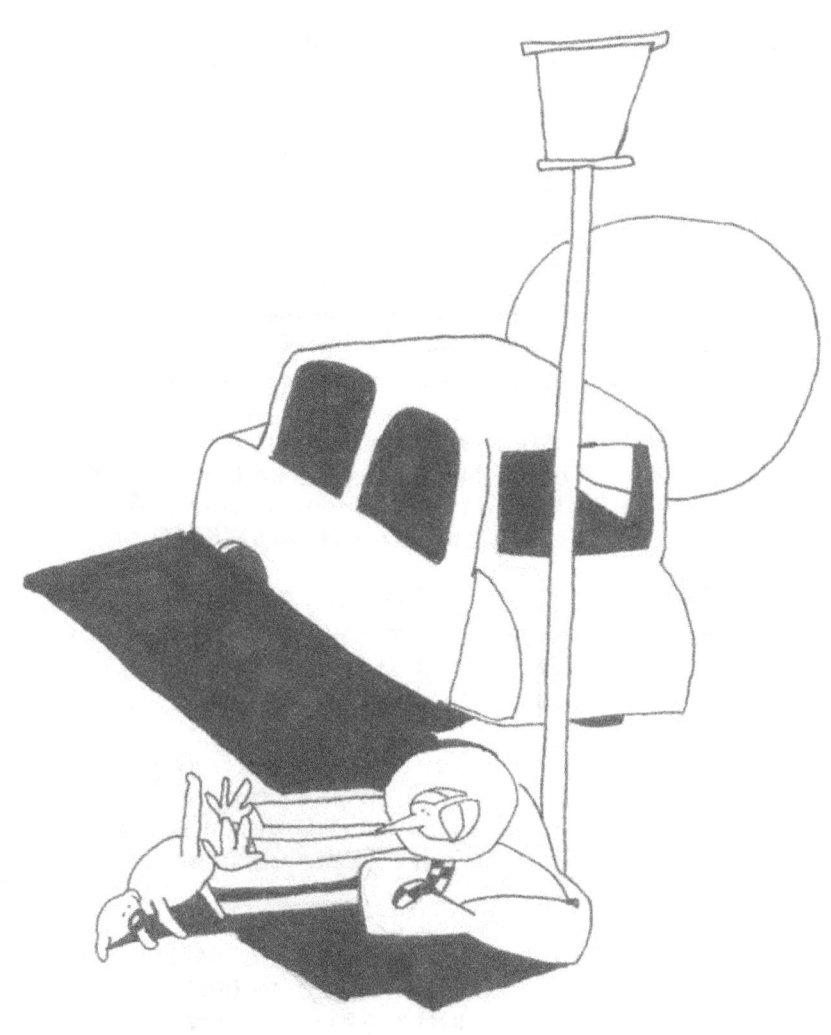

Eine alte Oma kommt zum Klaus.
Sie braucht dringend 100 Mark.
»Entschuldigung, mein Geld ist aus.«
Wie wäre es mit einem Quark?

Die Oma gibt sich unzufrieden
Den Quark nimmt sie mit.
»Unsre Wege sind verschieden.«
– Der Klaus Schrott und sein Fazit.

Es kommt ein junges Ehepaar:
Er will sie 100 Mal am Tag.
Sei so was schädlich und zwar,
wenn sie ihn auch gar nicht mag.

Der Klaus schlägt Heilmittel vor:
Geduld mit'm viel Verzeihen.
Und wenn man eigene verlor?
– Beim Klaus Schrott ausleihen!

Grad steht vor ihm ein Superman.
Der will die ganze Welt erobern.
– Man zähle Finger bis zu 10:
Das Zählen fördert Zögern.

Zuerst die Finger auf den Händen,
dann auf den Füßen und umgekehrt.
Später versucht man's mit den Wänden.
Das Zählen wird ja nie verkehrt.

Ein Dieb. Für Heut' genug geklaut.
Er spendet dem Klaus eine Mark.
»Natürlich aber nicht so laut.
Legen Sie bitte 's Geld in Sarg.«

Was meint der Klaus mit dem Sarg?
Darunter wird sein Leib verstanden.
»Das kostet mehr als 100 Mark!«
Aber Klaus ist einverstanden.

So kommen oft die echten Schurken.
Der Klaus ist denen stets ganz Ohr.
Für jeden kann der Weise bürgen,
und keinem wirft die Sünden vor.

Die Lösung liegt auf der Hand.
Selbstverständlich, klar, auf deiner.
Schon bei geringstem Aufwand
werden groß Probleme kleiner.

Manche halten ihn für doof.
Manche nennen ihn Erlöser.
oftmals sähe man ihn im Puff
und von Beruf sei Schrott ein Böser.

So wächst sein Ruhm und die Gemeinde.
Mit ihm zusammen schon 5 Leut'.
Kein Wunder, daß man ihn beneide.
So schrieb die ›Bild‹ und das grad heut'

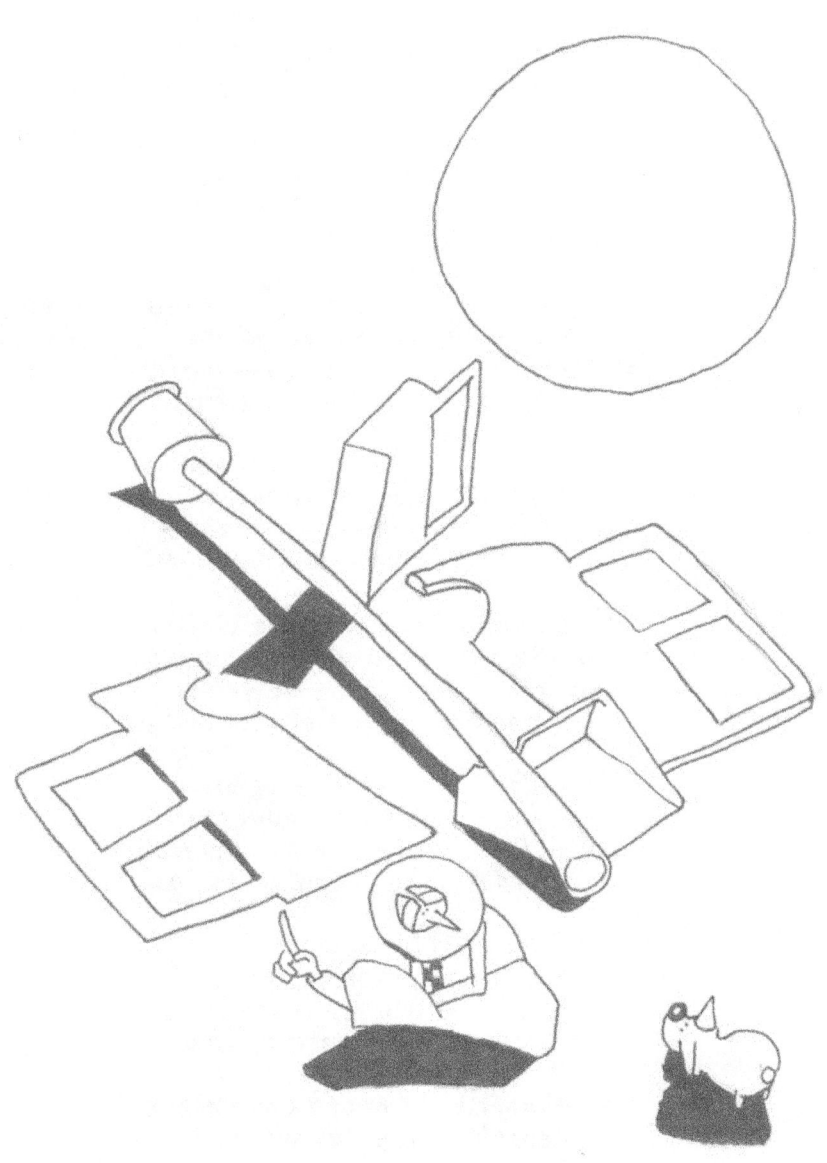

Die 13 Herren sind entsetzt.
Der Klaus Schrott hat sie verraten.
Sein Telefon ist ständig besetzt.
In solchen Fällen hilft Bestatten.

Die 13 Herren planen Mord.
Die beste Kräfte sind eingesetzt.
Das Telefon wird abgehört
und durch ein neues dann ersetzt.

Der Klaus wird stets beobachtet.
Man weiß genau wo er ist.
Von großen Herren sehr verachtet,
Sie halten Klaus für Supermist.

Es gab so viele gute Pläne.
Alles hätt gut funktioniert.
Sie hätten mehr keine Migräne,
wenn Klaus seinen Kopf verliert.

Was babbelt dieser blöde Weise.
Sind alle Menschen wirklich gleich?
Es gibt dafür keine Beweise.
Die Armen werden niemals reich.

Der Bürger braucht keine Gnade.
Deswegen sind wir gnadenlos.
Er braucht Peitsche und zwar gerade.
Der Bürger wird geschlagen. Los.

Die Preise steigen. Löhne sinken.
So schafft man einen Gleichgewicht.
Klar, welche rauchen, andre trinken.
Bis der Tod das unterbricht.

Die Zukunft wird heute entschieden.
Die Menschen sind das wahre Gold.
In Qualität gewiß verschieden.
die Schlanken, Dicken — was man wollt'.

Die Werbung schafft es doch am besten.
Du brauchst alles, zwar sofort.
Das Leben gönnen sich die Ersten.
Gib aus. Sonst ist das Leben fort.

Der Klaus Schrott ist echt gefährlich.
Er macht die Strategie kaputt.
Gewiß ist ihre Macht unsterblich,
Selbst über Asche und den Schutt.

Die 13 Herren kommen näher.
Am weitesten bleibt der Vorstand.
Den Klaus Schrott begrüßen? Eher
verliert man Ehre als Verstand!

Die Metzger kommen aus Rußland.
Die 100 Männer sind dabei.
Nicht unbedingt, aber doch muß man.
Der Klaus Schrott ist ein dickes Ei.

Für Notfall eine Atombombe.
In kleinem Koffer, schon parat.
Selbstverständlich unter 'ner Plombe.
So bringt man Russen auf Draht.

Die Luft wird enger. Angekommen.
Schwarze Anzüge. Weißes Hemd.
Der Klaus hat sich falsch benommen.
Gibt es für ihn ein »Happy End?«

Der Klaus Schrott ist grad am Essen
2 Äpfel, Birne, Vollkornbrot.
Hat er nicht mal Wurst gegessen
Oder gar den Hundekot?

Einer der Russen legt gleich los.
Der Klaus wird dabei verprügelt.
Ihn tritt mit Schuh der Groß Boss.
Bloß wegen Haß Wäsche besudelt.

So wechselt man die Unterhosen.
Der Vorstand ergreift das Wort:
»Herr Schrott wir waren nie die Bösen.
Bloß die Umstände unser Gott.«

»Denn jedes Spiel hat auch Regel.
Die Regel haben Sie verletzt.
Denn manchen Kranken helfen Blutegel,
Ich meine Blutvergießen jetzt.«

Der Klaus Schrott will gar nix sagen.
Er hat schon etliches erlebt.
Zähne hat man weggeschlagen?
aber sein Herz erblüht und bebt.

Man darf vor keinem die Angst haben.
Selbst nicht vor'm grausamen Tod.
Die Ängste haben uns begraben.
Man lebt in ständigem Zeitnot.

Der Klaus Schrott lächelt zufrieden.
Die 13 Herren zittern sogar.
Sie alle sind höchst unentschieden:
Ist Klaus Held oder ein Narr?

So langsam sammeln sich Anhänger.
Klaus Schrott hat den guten Ruf.
Die Luft wird eigentlich noch enger.
Mann gegen Mann, Blöd gegen doof.

Den 13 Herren wird immer kälter.
Den Russen ist schon längst egal.
Der Partisanenkrieg in den Wäldern
oder die Bombe macht Endknall.

So sammelt sich die ganze Stadt.
Parteien sind schon längst geteilt.
Den Russen scheint so was zu hart.
Und was den 13 Herren bleibt?

Haben sie diesen Krieg verloren?
Man sammelt Kraft in Einsamkeit.
Sind neue Geister zu verschwören?
Ist der beste Arzt die Zeit?

Sofort Abzug. Wozu den Ärger?
Was ist schon eigentlich passiert?
Die Gegner sind natürlich stärker,
aber so schlecht organisiert.

Die 100000 Anhänger.
Klaus Schrott und seine Stadt.
Für ein paar Tage oder länger?
Wie wär es mit 'nem neuen Start?

Klaus tauscht Ruhm mit Ruhe.
Die Sonne gibt es überall.
Frische Milch und ein paar Kühe.
Kleiner Acker und Kuhstahl.

Natürlich darf man ihn besuchen.
5 km von Loxstedt.
Man braucht gar nicht anzurufen.
Ja einfach so. Es wäre nett.

Die Autoren

Borjé

Borjé findet Bücher gut, die geschrieben sind und in einer Schublade verschwinden. Wie ein Blitzschlag leuchten sie auf. Jahrzehnte später. So ist es auch mit diesem Buch. 10 lange Jahre liegt Klaus Schrott schon in Herr Scholz' alter Festplatte. Aber Zufall ist das, was zufällt. Denn Borjé ist ein Frühaufsteher. Er kocht auch gut. Borjé kann auch gut Menschen nachspielen. In unserer WG hat er oft Mitarbeiter von seinen Fließband-Jobs gespielt. Bei den Vorstellungen zum Abendessen habe ich mich immer schrott gelacht. Auch der religiöse Ton dieses Buches ist echt. Trotzdem wollen wir mit Klaus Schrott keine spirituelle Revolution starten. Wer gut hinsieht wird jedoch feststellen, daß etwas gutes Neues auch hier etwas gut vergessen Altes ist. Nach den Jobs schreibt Borjé Gedichte in der Bahn. In so kleine Kalender. Ganze Bücher schreibt er in Zügen. Das geht nur mit einem Monatsticket. Sonst ist das viel zu teuer. Ein Tagesticket Heidelberg-Mannheim und zurück kostet 12 Euro. Keine lange Strecke. Da kriegt man mit Tagestickets schnell Probleme. Dafür kann man den ganzen Tag fahren. Könnte! Wäre da nicht der Job.

Äxel

Was ein Mensch als Erwachsener macht, das hat er schon als Kind gemacht. Ich habe schon in der Grundschule gemalt. Im Kunstunterricht. Mit Tuschkasten. Ich male am liebsten in Gesellschaft. Alleine malen gefällt mir nicht. So sehr mag ich Malen nicht. Aber was soll ich schreiben? Ich habe die Geschichte doch illustriert. Eine kleine Künstlergruppe haben wir geschaffen. Die Gruppe Gansdörfer. Cartoonist sein ist mir zu wenig. Deshalb mache ich noch andere Sachen. Kochen. Heute gab es Bratkartoffeln. Bananenscheiben reinschneiden und Käse. Schmeckt genial. Ausprobieren.

Borjé & Äxel

Klaus Schrott in Rußland

Weimar (Lahn) 2017

Borjé & Äxel

Klaus Schrott und die Frauen

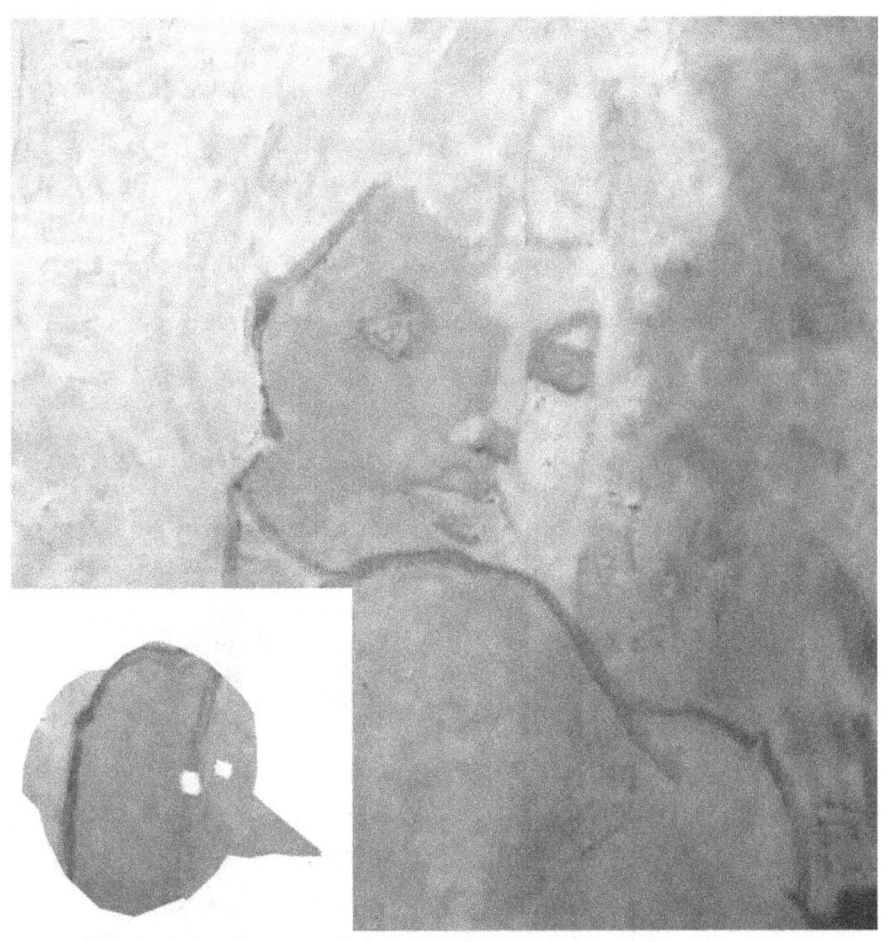

Acknowledgements

No part of this book may be reproduced, stored
in retrieval system,
or transmitted in any form or by any means, electronic,
mechanical,
photocopying, microfilming, recording, or otherwise,
without prior permission from
Bernd E. Scholz.
This applies in particular to reproduction, distribution,
performance, alteration, translation, microfilming and storage
and/or
processing in electronic systems, including databases and
online services.

Kein Teil dieses Buchs darf ohne vorherige schriftliche Zustimmung
von
Bernd E. Scholz
in irgendeiner Form durch Fotokopie, Mikrofilm oder andere
Verfahren
reproduziert oder unter Verwendung elektronischer Systeme
verarbeitet,
vervielfältigt oder verbreitet werden. Das gilt insbesondere für
Vervielfältigung, Aufführung, Verbreitung, Bearbeitung,
Übersetzung,
Mikroverfilmung und die Einspeicherung
und/oder Verarbeitung in elektronischen Systemen.

....

By the cartoons of AXEL PELZ (»Äxel«)
OLEXA NUDELMAN (»Borjé«) was inspired
with his mixing of Russian-German verses

© ALL RIGHTS OF THE GERMAN EDITION ARE EXPRESSLY RESERVED
BY
© 2017 Bernd E. Scholz • D-35096 Weimar (Lahn) • Germany
(http://www.bernd-von-der-walge.de)

Edition, typesetting and design Bernd E. Scholz
2017 Printed by CreateSpace (Charleston, SC, USA)

As »Book on Demand« available at
Amazon ASIN: XXXX0000
http://www.amazon.de/

ISBN 978-3-926385-31-4 (Bernd E. Scholz)

www.ingramcontent.com/pod-product-compliance
Lightning Source LLC
Chambersburg PA
CBHW031410040426
42444CB00005B/499